あいうえお
のはなし

## なぞり書き

あああああああああああ [a]
いいいいいいいいいい [i]
うううううううううう [eu]
ええええええええええ [e]
おおおおおおおおおお [o]

あおい あい

あおい あ？　いいえ．

あおい う？　いいえ．

あおい え？　ええ！

あおい あい？　いいえ.

あおい いえ？　いいえ.

あおい うお？　ええ!

あおい うお?　いいえ.

あおい あい?　いいえ.

あおい いえ?　ええ!

ああ！あおい あい！

## なぞり書き

[ga] がががががかかかかか [ka]

[gi] ぎぎぎぎぎききききき [ki]

[geu] ぐぐぐぐぐくくくくく [keu]

[ge] げげげげげけけけけけ [ke]

[go] ごごごごごこここここ [ko]

えがくこ

えがく?

いい え かこう!

き かく?

おおきい き かこうか?

あきか?

かきが おおい.

ここが かげ.

かげが おおきい.

いい えがお!

"かき くう?"

あいうえお

かきくけこ

さしすせそ

さすが
かしこい

## なぞり書き

| | | |
|---|---|---|
| [za] | ざ ざ ざ ざ ざ さ さ さ さ さ | [sa] |
| [zi] | じ じ じ じ じ し し し し し | [shi] |
| [zeu] | ず ず ず ず ず す す す す す | [seu] |
| [ze] | ぜ ぜ ぜ ぜ ぜ せ せ せ せ せ | [se] |
| [zo] | ぞ ぞ ぞ ぞ ぞ そ そ そ そ そ | [so] |

さあ、うしか、すしか?

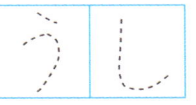

せいかい!

さあ、おうか、ぞうか?

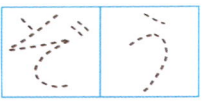

そうそう！

さあ、えきか、せきか?

えき

すごい!

さあ、こけか、いけか？

ぞくぞく せいかい！

さすが かしこい！

きいて
ください

あいうえお

かきくけこ

さしすせそ

たちつてと

# なぞり書き

| [da] | だだだだだだだだだ | [ta] |
| [zi] | ぢぢぢぢぢぢちちちち | [tsi] |
| [z]  | づづづづづつつつつつ | [ts] |
| [de] | でででででででててて | [te] |
| [do] | どどどどどどととと | [to] |

あきかぜと かかしが おおきくうたう.

"あいうえお　あいうえお"

あかい かえでが ちいさく うたう.

"かきくけこ

かきくけこ"

さいが がけで おおきくうたう.

"さしすせそ さしすせそ"

たかい あそこで つきが ちいさく うたう.

"たちつてと たちつてと"

# どこに いくの？

- あいうえお
- かきくけこ
- さしすせそ
- たちつてと
- なにぬねの

なぞり書き

な な な な な な な な な な [na]
に に に に に に に に に に [ni]
ぬ ぬ ぬ ぬ ぬ ぬ ぬ ぬ ぬ ぬ [nu]
ね ね ね ね ね ね ね ね ね ね [ne]
の の の の の の の の の の [no]

"どこに いくの?" きつねに きくと、

"あそこの おおきな どうくつに いくの.

　なかなか いい うちなの."

"どこに いくの?" かに に きくと、

"あそこの ちいさな あなに いくの.

なかなか いい うちなの."

いそいそ いそいそ

"どこに いくの?" ねこに きくと、

"あそこの おおきな がっこうに いくの.

なかなか いい うちなの."

さっそうと さっそうと

"どこに いくの?" たぬきに きくと、

"いえさがしに いくの.

ぜったいに ついて こないで."

にこにこ にこにこ

## なぞり書き

|  [ppa] |  | [ba] |  |  |  |  |  |  |  |  |
|---|---|---|---|---|---|---|---|---|---|---|
| ぱ ぱ ぱ ば ば ば は は は は は | | | | | | | | | | [ha] |
| ぴ ぴ ぴ び び び ひ ひ ひ ひ ひ | | | | | | | | | | [hi] |
| ぷ ぷ ぷ ぶ ぶ ぶ ふ ふ ふ ふ ふ | | | | | | | | | | [heu] |
| ぺ ぺ ぺ べ べ べ へ へ へ へ へ | | | | | | | | | | [he] |
| ぽ ぽ ぽ ぼ ぼ ぼ ほ ほ ほ ほ ほ | | | | | | | | | | [ho] |

はなびたいかいの ひだね.

さっそく いこう.

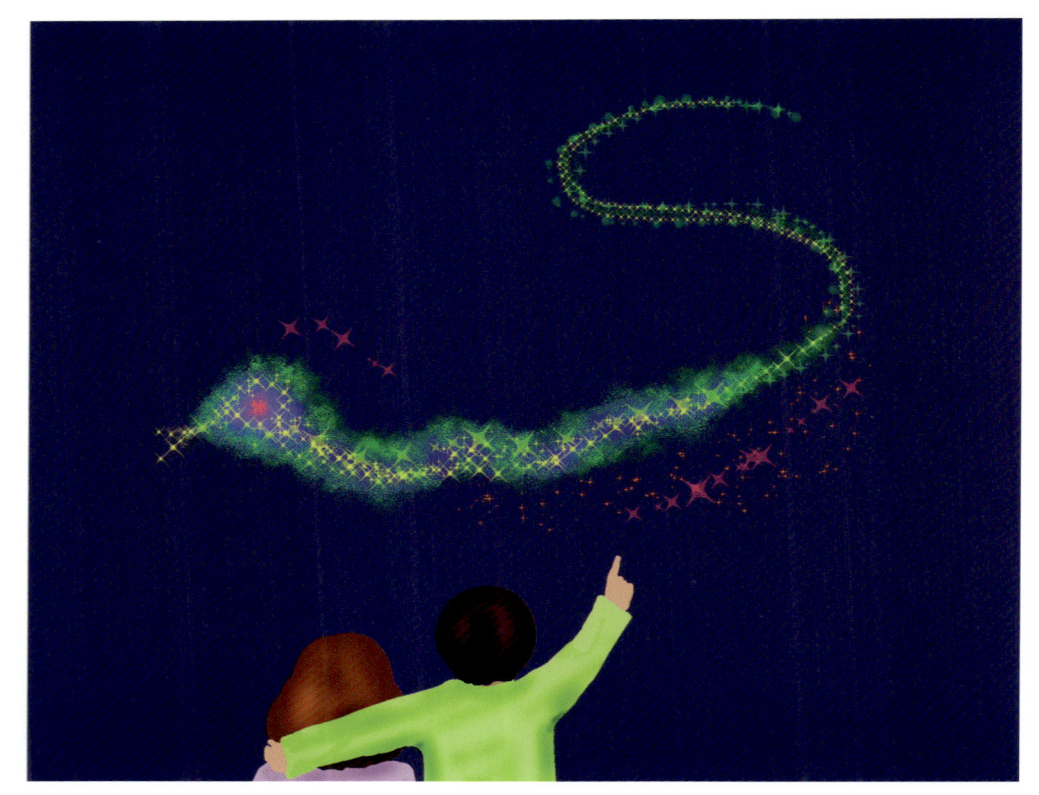

へえ、へびの かたちの はなびだね.

すごく ながい! ふしぎだね!

あっ! こいぬの かたちの はなびだね.

あなたと ここに きて たのしい!

おお! ほしの かたちの はなび!

うつくしい けしき! すてきな せかい!

# うちの かぞく

- あいうえお
- かきくけこ
- さしすせそ
- たちつてと
- なにぬねの
- はひふへほ
- まみむめも

なぞり書き

ま ま ま ま ま ま ま ま ま ま [ma]
み み み み み み み み み み [mi]
む む む む む む む む む む [meu]
め め め め め め め め め め [me]
も も も も も も も も も も [mo]

うちの むすこです。 うちの むすめです。

けっこう　　　　　　　　けっこう

おとこまえです。　　　　かしこいです。

うちの まごたちです．

こいぬと こねこ みたいに いとしいです．

いえに いても、そとに いても、

おぼえて いて ください．

そして おおきく なっても、

おぼえて いて ください．

かぞくとの おもいで、かぞくとの ひび．

そばに いても、べつべつに いても、

たいせつに してください．

かぞくの ほほえみ、

かぞくの こうふく、

そして かぞくの あい．

# おちばたちのはなし

- あいうえお
- かきくけこ
- さしすせそ
- たちつてと
- なにぬねの
- はひふへほ
- まみむめも
- やゆよ

なぞり書き

や や や や や や や や や や [ya]

ゆ ゆ ゆ ゆ ゆ ゆ ゆ ゆ ゆ ゆ [yu]

よ よ よ よ よ よ よ よ よ よ [yo]

ひゅー ひゅー

ひややかな あきかぜが ふく ひには、

よく きくと

おちばたちの

はなしが

きこえますよ.

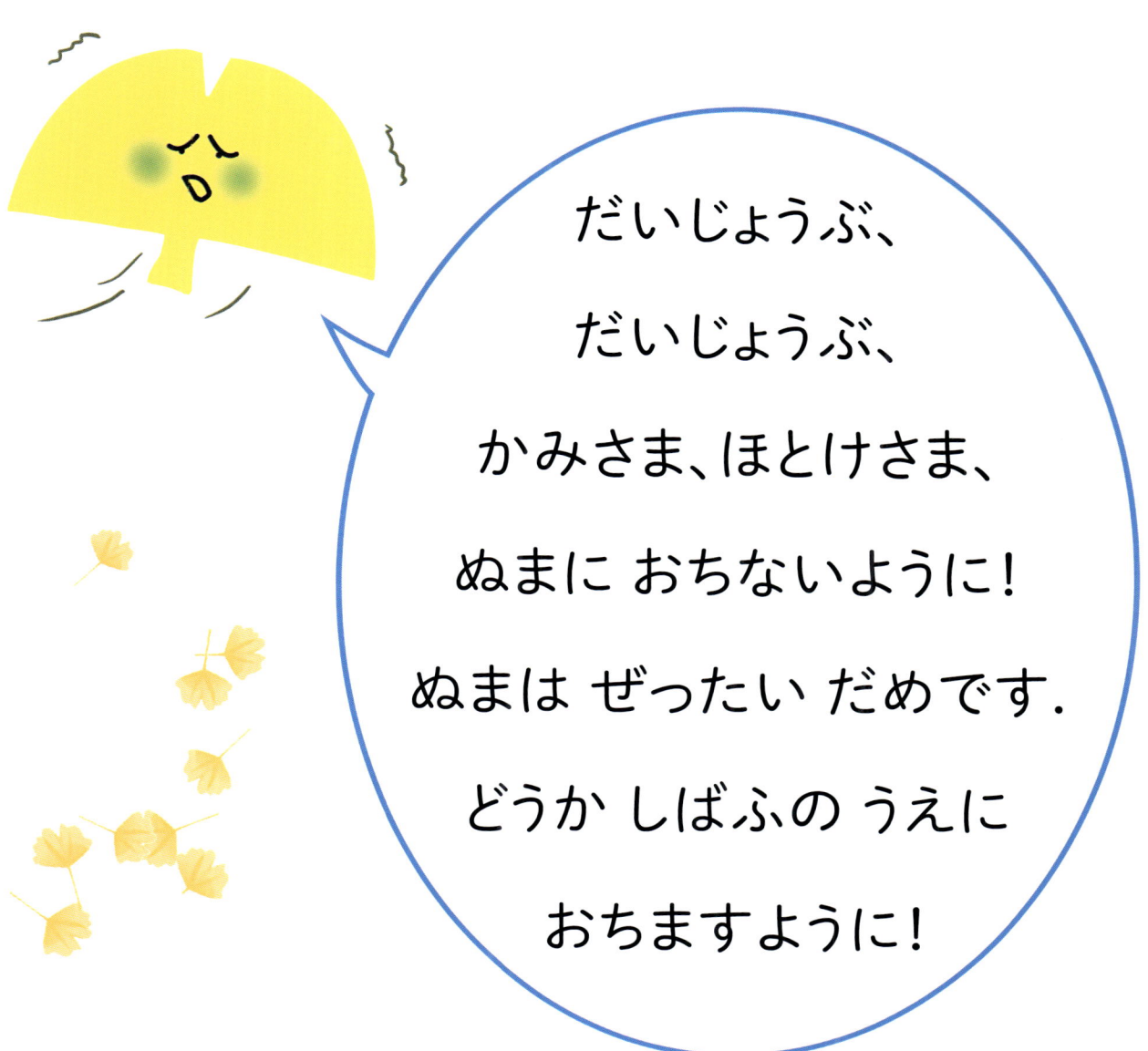

ちょっと まって、
いっしょに いこうよ!

やった!
もう じゆうだ!
むねが いっぱいに
なったよ.

あきかぜが

ふくと よく

きいてみましょう.

おちばたちの はなしが きこえますか.

## なぞり書き

ら ら ら ら ら ら ら ら ら ら [la]
り り り り り り り り り り [li]
る る る る る る る る る る [leu]
れ れ れ れ れ れ れ れ れ れ [le]
ろ ろ ろ ろ ろ ろ ろ ろ ろ ろ [lo]

あいうえお
かきくけこ
さしすせそ
たちつてと
なにぬねの
はひふへほ
まみむめも
やゆよ
らりるれろ

ほめて
ください

あのね、このごろ
まいあさ ひとりで
おきれる ように
なったよ．

ひとりで きがえる
ことも できるよ．

むずかしくない じは
すらすら
よめる ように
なったし、

ひらがなも
すらすら かける
ように なったよ．

そして ひとりで
びゅうびゅう
こげる ように
なった.

みて ください.
てつぼうに ながく
ぶらさがる ことも
できる.

また ひとりで
こいぬたちと
あそべる．

それから ひとりで
へやに ちらかった
おもちゃの せいりも
できるのよ．

それだけじゃなくて はみがきした あと、
ひとりで ぐっすり ねむれるように なったのよ.

まいにち いろいろ
できることが ふえるって
えらいでしょう.
だから ほめて ください. まいにちね.

**なぞり書き**

わわわわわわわわわ [wa]

をををををををををを [wo]

んんんんんんんんんんん [n,m,ng]

# にわちゃん

いよいよ びょういん 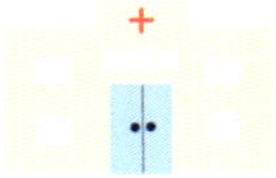 から

うち  に かえる ことに なりました．

わたし  が まえより げんきに なって

おかあさん  が とても よろこびました．

そして いっぴきの こいぬ  が いえで

わたしを まっていると いって くれました．

わたしは びっくりして、
[wa]

むねが わくわく しました．

それは ゆめの ような うれしい ことでした．

こいぬは わたしが いえに はいった とき、
うれしそうに しっぽを ふりました．
さいしょは わたしは どうしたら いいか
わからなくて ただ わらいながら
こいぬの まわりを ぐるぐる まわりました．
すぐ わたしたちは なかよしに なりました．

わたしは こいぬに

'にわちゃん'と なまえを つけました.

にわが だいすきで、にわへ[e] でると、

はしりまわり、いえの なかに もどろうと

しないからです.

にわちゃんは とても げんきで かしこいです．

いつも いう ことが よく わかります．

"すわって!"と いうと、
ほら、すわります．

"まわって!"と いうと、
ほら、まわります．

"おいで!"と いうと、そばに さっと きます．

みて ください.

これが にわちゃんの しあわせな えがおです.

なぞり書き

わ ら や ま は な た さ か あ
り 　 み ひ に ち し き い
を る ゆ む ふ ぬ つ す く う
れ 　 め へ ね て せ け え
ん ろ よ も ほ の と そ こ お

なぞり書き

わ ら や ま は な た さ か あ
り　み ひ に ち し き い
を る ゆ む ふ ぬ つ す く う
れ　め へ ね て せ け え
ん ろ よ も ほ の と そ こ お

# 単語リスト 1

## あおい あい

あおい [aoi] blue　　あい [ai] love　　いいえ [i-e] no
いえ [ie] house　　うお [uo] fish　　ええ [e-] yes

## えがくこ

えがく [egakkeu] paint　　こ [ko] child　　いい [ii] good　　え [e] picture
かこう [kakko-] Let's draw.　　き [ki] tree　　かく [kakkeu] draw, write
おおきい [ookkii] big　　かこうか [kakko-kka] Shall we draw?
あき [aki] autumn　　か [kka] questioning ending　　かき [kakki] persimmon　　が [ga] subject marker　　おおい [ooi] a lot of
ここ [kokko] here　　かげ [kage] shade　　えがお [egao] smiling face
くう [geueu] eat

## さすがかしこい

さすが [saseuga] sure enough　　かしこい [kashikkoi] smart
さあ [sa-] Hmm　　うし [ushi] cow　　すし [seushi] sushi　　せいかい! [se-kkai] Correct!　　おう [o-] king　　ぞう [zo-] elephant
そうそう [so-so-] yeah, yeah　　えき [ekki] station　　せき [sekki] seat
すごい [seugoi] amazing　　こけ [kokke] moss　　ぞくぞく [zokkeuzokkeu] one after another

# 単語リスト 2

## きいてください

きいてください [kiitte kudasai] Please listen.　　かぜ [kaze] wind　　と [to] and then　　かかし [kakkashi] scarecrow　　おおきく [ookkikkeu] loudly　　あかい [akkai] red　　かえで [kaede] maple leaf　　ちいさく [tsiisakkeu] quietly　　うたう [euttaeu] sing　　さい [sai] rhinoceros　　がけ [gakke] cliff　　たかい [takkai] high　　あそこ [asokko] there　　つき [tskki] moon

## どこにいくの

どこに [dokkoni] to where　　いく [ikeu] go　　の [no] soft ending　　きつね [kitsne] fox　　きく [kikkeu] ask　　と [to] conditional marker　　おおきな [ookkina] big　　どうくつ [do-keuts] cave　　に [ni] to　　なかなか [nakkanakka] quite　　うち [eutsi] house　　しずしず [shizeushizeu] quietly　　かに [kani] crab　　ちいさな [tsiisana] small　　がっこう [ga(k)kko] school　　さっそとさっそと [sa(t)sottosa(t)sotto] dashing　　たぬき [taneukki] racoon　　いえさがし [iesagashi] house hunting　　ぜったいに [ze(t)ttaini] never　　ついてこないで [tsitte konaide] don't follow me

## はなびたいかい

はなびたいかい [hanabitaikkai] fireworks festival　　ひ [hi] day　　ね [ne] friendly ending　　さっそく [sa(t)sokkeu] right away　　いこう [ikko-] Let's go.　　へえ [he-] Wow　　へび [hebi] snake　　かたち [kattatsi] shape　　はなび [hanabi] firework　　すごく [seugokkeu] very　　ながい [nagai] long　　ふしぎ [heushigi] fascinating　　こいぬ [koineu] puppy　　あなた [anatta] you　　きて [kitte] came and　　たのしい [tanoshii] fun　　ほし [hoshi] star　　うつくしい [eutskkeushii] beautiful　　けしき [keshikki] view　　すてきな [seutekkina] wonderful

# 単語リスト 3

## うちのかぞく

うちの [eutsino] my　　かぞく [kazokeu] family　　むすこ [meuseukko] son　　むすめ [meuseume] daughter　　けっこう [ke(k)kko] quite　　おとこまえ [ottokkomae] handsome　　まご [mago] grandchild　　たち [tatsi] plural suffix　　いえにいても [ieniittemo] when at home　　そと [sotto] the outside　　おぼえて [oboette] remember　　そして [soshitte] and　　おおきくなっても [ookkikkeuna(t)ttemo] Even if you grow up　　と [to] with　　の [no] of　　おもいで [omoide] memory　　ひび [hibi] days　　そば [soba] beside, side　　べつべつ [betsbets] seperately　　たいせつに [taisetsni] with good care　　ほほえみ [hohoemi] smile　　こうふく [ko-heukeu] happiness

## おちばたちのはなし

おちば [otsiba] autumn leaf　　はなし [hanashi] story　　ひゅーひゅー [hyu-hyu-] Whoosh Whoosh　　ひややかな [hiyayakkana] chilly　　ふく [heukkeu] blow　　よく [yokkeu] carefully　　きく [kikkeu] listen　　きこえます [kikkoemaseu] hear　　よ [yo] emphatic ending　　やっほー [ya(t)ho-] Yahoo!　　いよいよ [iyoiyo] finally　　しゅっぱつ [shu(t)ppats] start, departure　　うそ [euso] lie　　いや [iya] no　　まだ [mada] yet, still　　おちたくない [otsittakeunai] don't want to fall　　たすけて! [taseukkette] Help!　　だいじょうぶ [daijyo-beu] I'm okay.　　かみさま [kamisama] God　　ほとけさま [hotokkesama] Buddha　　ぬま [neuma] swamp　　ないように [naiyo-ni] do not let　　だめ [dame] no good. Don't　　どうか [do-ka] please　　しばふ [shibaheu] grass　　うえに [eueni] on　　ちょっとまって [tsyo(t)ttoma(t)tte] Wait a moment.　　いっしょに [i(t)shoni] together　　やった [ya(t)tta] I did it!　　もう [mo-] now, finally　　じゆう [jiyu-] free　　むね [meune] heart　　いっぱい [i(t)ppai] full　　なった [na(t)tta] became　　きいてみましょう [kiittemimasyo-] Let's have a listen.

# 単語リスト 4

## ほめてください

ほめて [homette] praise me　　ください [kudasai] Could you please　あのね [anone] you know what?　　ひとりで [hittolide] by myself　おきれる [okkileleu] can wake up　　きがえる [kigaeleu] change clothes　　できる [dekileu] can　むずかしくない [meuzeukkashikkeunai] not difficult　じ [ji] letter　すらすら [seulaseula] smoothly　　よめる [yomeleu] can read　し [shi] adding ending　ひらがな [hilagana] Japanese alphabets　も [mo] too　かける [kakkeleu] can write　　びゅうびゅう [byu-byu-] swish swish　こげる [kogeleu] pump the swing　　てつぼう [tetsbo-] pull-up bar　　ながく [nagakkeu] for a long time　　ぶらさがる [beulasagaleu] hang from　また [matta] plus　あそべる [asobeleu] can play　　それから [solekkala] Also, And then　へや [heya] room　　ちらかった [tsilaka(t)tta] scattered　おもちゃ [omotsya] toy　　せいり [seili] tidy up　　それ [sole] it　だけ [dakke] only　じゃ [ja] short form of　では [dewa] used before the negative　ない　はみがき [hamigakki] brushing teeth　　あと [atto] after　　くっすり [keu(t)seuli] deeply　ねむれる [nemeuleleu] can sleep　　ようになった [yo-nina(t)tta] came to, became　まいにち [mainitsi] every day　　いろいろ [iloilo] many kinds of　こと [kotto] thing, event　　ふえる [heueleu] increase　　えらい [elai] great　でしょう [desho-] ending seeking agreement　　だから [dakkala] therefore

## にわちゃん

にわ [niwa] garden　　ちゃん [tsyan] casual suffix added to the names of close people usually younger ones　　びょういん [byo-in] hospital　から [kala] from　かえる [kaeleu] return, go back　　わたし [wattashi] I, me　まえ [mae] before　より [yoli] than　げんき [genkki] healthy　おかあさん [okka-sang] mother　とても [tottemo] very　よろこびました [yolokkobimashitta] was glad　いっぴき [i(t)ppikki] one (for animal)　で [de] at　まっている [ma(t)tteileu]

# 単語リスト 5

is waiting と [to] quote marker　いってくれました [i(t)ttekeulemashitta] told me　びっくりして [bi(t)kkeulisitte] was surpried and　わくわく [wakkeuwakkeu] pounding　それは [solewa] it is　ゆめ [yume] dream　ような [yo-na] like, such as　うれしい [euleshii] happy, glad　はいった [hai(t)tta] entered　とき [tokki] the time　そうに [so-ni] as if　しっぽ [shi(t)ppo] tail　ふりました [heulimashitta] wagged　さいしょは [saishowa] at first　どうしたらいいか [do-shittalaiikka] what I should do　わからなくて [wakkalanakkeutte] not knowing　ただ [tada] just　わらいながら [walainagala] laughing　まわり [mawali] surroundings　ぐるぐる [geuleugeuleu] around around　まわりました [mawalimashitta] circle around　すぐ [seugeu] soon　わたしたち [wattashittatsi] we　なかよし [nakayoshi] close friends　なりました [nalimashitta] became　なまえ [namae] name　つけました [tskkemashitta] put　だいすき [daiseukki] love　へ [e] to, toward　でる [deleu] go out　と [to] used before the result, as when or once　はしりまわり [hashilimawali] run here and there　なか [nakka] the inside　まどろうとしない [modolo-ttoshinai] won't come back　から [kala] because　いつも [itsmo] always　いうこと [yu-kotto] what is said　わかります [wakkalimaseu] understand　すわって [seuwa(t)tte] Sit down.　ほら [hola] look!　まわって [mawa(t)tte] Turn around.　おいで [oide] Come here.　さっと [sa(t)tto] quickly　きます [kimaseu] come　みてください [mittekeudasai] please look.　これ [kole] this　しあわせな [shiawasena] happy

## IQ Up Phonics

**賢い子のための思考力フォニックス**

英語で算数・科学・クイズ・お絵かき・クラフトなど、幅広いアクティビティをするうちに、英語力、思考力、創造力がぐんぐん伸びていきます. アルファベットから始まり、デコーダブルストーリー・読解問題・筆記体・ライティング練習までしっかり！本のQRコードを読み取るだけで、どこでもいつでもネイティブの先生の発音を聞きながら、自信を持ってどんどん進められます. 学習にもゲームにも使える、多様なカード付き！'どうすれば英語が読めるようになるの?'そんな悩みはもう終わり！英語も思考力も、これ一冊！IQ Up Phonics!

## わぁ！ハングル

美しいストーリーブックでハングルをマスター！
オーディオQRコードで発音を聴きながら、簡単に韓国語が読めるようになります．

お子さまから大人まで、すぐに韓国語が読めて話せるようになる、驚くほど効果的で、美しい絵本です．
独学にも授業にも最適な教材であり、ハングルが自然に読めるようになる、機能性に優れた文学作品であります．
わかりやすいガイドブックを使えば、レッスン準備は手軽に、授業内容はさらに充実します。

copyright © 2025 BIGDESK

This book is protected by copyright.
Unauthorized reproduction or distribution is prohibited.

本書は著作権により保護されておりますので、
無断での複製・転載を禁じます。

mybookonthedesk@gmail.com